MW01230589

BAÑO DE LUZ

P. Darío Betancourt / Hna. Blanca Ruiz

Misión 2000
P.O. BOX 51986
PHOENIX, AZ 85076
Tel. (480) 598-4320

Nuestra dirección en Internet:
www.defiendetufe.com

"Libros que cambian vidas"

CONTENIDO

Página

INTRODUCCION

En la sanación interior hay circunstancias que obligan a proceder de diferente manera. Sentimos la necesidad de transcribir EL BAÑO DE LUZ que nos presentan el P. Darío Betancourt y Blanca Ruiz.

`Creemos que en muchos casos puede ayudar a las personas, como se demuestra en tantísimos ejemplos y que ellos, muy a menudo, han experimentado en su larga trayectoria evangelizadora

.

1. ¿QUE ES?

Un baño de luz no es otra cosa que, con la ayuda del Señor Jesús, tratar de encontrar:

- Una respuesta a algo que nos molesta y nos hace sufrir.

- Una razón a aquello que nos impide ser felices y no nos permite progresar espiritualmente.

- La causa a un bloqueo o trauma.

- Una luz para aquella oscuridad que produce una parálisis en la vida espiritual.

Ejemplo: Una persona que vive siempre agresiva, malhumorada, todo le disgusta, nada le agrada, etc. Este estado tiene una causa, pero en muchas ocasiones no se sabe cuál es. Entonces se le pide al Señor que la manifieste, la ilumine, la saque a flote. Jesús, que es luz viene a iluminar y sanar. La presencia de Dios es sanadora.

Para ilustrar mejor lo que es un "*Baño de luz*" trasmitimos el caso de una religiosa que hacía treinta y dos años estaba en el convento.

Durante los primeros veinte años viví muy feliz. Pero durante los últimos doce años sufrí un infierno. No quería a nadie, ni nadie me quería. Pedí ayuda para remediar mi mal y me aconsejaron un baño de luz.

Por la noche, estando en la capilla, le dije al Señor:

- Señor Jesús: ilumíname ¿cuál es la causa por la cual vivo tan aburrida en el convento por estos últimos doce años?

Vi entonces que del sagrario salía el Señor Jesús e iba acercándose muy sonriente y muy amoroso.
Me quedé mirándole y cuando ya le tuve cerca le volví a preguntar:

- Señor. ¿Por qué vivo tan aburrida en mi vida religiosa? Señor, ¿por qué no tengo la alegría del principio? El Señor me contestó:

- ¿Qué relación hay entre esas revistas que estás leyendo y yo? ¿Por qué pasas tanto tiempo entretenida hojeándolas?

Le respondí:
- Señor, pero esas revistas no son pornográficas... y el Señor me dijo:

- Precisamente porque no son pornográficas las lees, pero te están llenando del mundo de vanidades que te vacían de mí y te disipan, separándote de mí.

Tú me has sacado de tu corazón. Tú ya no sientes lo que antes sentías por mí. Ni lo mío te enamora, ni te atrae.

Esta es la razón por la que vives tan aburrida en la vida religiosa.

Esta religiosa hacía exactamente doce años que estaba leyendo revistas del mundo que en vez de llevarla a enamorarse del Señor cada vez más, lo que hacían eran distraerla y separarla de su amor, y le habían arruinado su vida de oración.

El Baño de luz le hizo conocer el origen de su problema.

En un retiro en Guatemala, mientras hacía el baño de luz uno de los asistentes narró la siguiente experiencia:

"Cuando sentí la presencia del Señor empecé a hablarle y, me sentí muy disgustada con Él y le reclamé llorando que no me amaba y nunca me había amado.
El Señor me contestó.

- Yo siempre te he amado. Entonces yo le reclamé:

- Yo no creo que tú me ames, porque si tú me hubieras amado, ni me hubieras quitado mi madre a la edad de ocho años.
En ese momento sentí cómo el Señor me recostaba contra su pecho y con mucho cariño y amor

me acariciaba y me secó las lágrimas. Mirándome me dijo:

- ¿Crees que no te amo porque me llevé a tu madre? ¿Sabes? Cuando vine a buscarla era porque ya había cumplido la misión que le había confiado y esa misión era la de darte la vida.
Yo estoy satisfecho con ella y quise traerla conmigo para darle el premio que le tenía prometido ¿o crees que hubiera sido mejor que ella estuviera hoy contigo pasando estos años paralizada y enferma como estaba?

Sentí que Jesús me colocaba sobre los brazos de la Santísima Virgen y me decía:

- Mira hija, sí has tenido madre. No has estado sola nunca. Mi madre que también es tu madre ha estado contigo y te ha acompañado siempre. Sentí que la Virgen me abrazaba y me acariciaba, a tiempo que me cubría con su manto y me decía:

- Hija, siempre he estado contigo. Te amo mucho. Eres mía. Entonces sentí que mi vida se llenaba de alegría. Luego Jesús me miró y me dijo:
- ¿Por qué no me entregas a tu mamá? ¿Puedo llevarla conmigo? Por primera vez puse a mi madre en las manos del Señor y la recordé con profunda paz.

Luego el Señor me dijo:
- Voy a mostrarte que sí te amo y que nunca te he olvidado y siempre he estado contigo. ¿Quieres ver cómo te amo? ¿No te has dado cuenta que te di un esposo y unos

hijos que te aman y se preocupan por ti? ¿No eres feliz en tu hogar? Hija, yo amo a los míos dándoles lo que necesitan.

Entonces sentí que me abrazó y me dijo: "Yo soy tu verdadero Padre. Mi madre y yo te amamos y estamos siempre contigo".
Comencé a llorar, pero de gozo y con paz. Nunca había sentido tanto amor en mi vida.

Por primera vez pude perdonar al Señor por este resentimiento tan fuerte que había en mi corazón y nunca había apreciado el amor, cariño, comprensión y bondad de mi esposo y de mis hijos.

2. DIFERENCIA CON LA SANACION INTERIOR

A. La sanación interior es para sanar una herida específica que se sabe y se conoce. El baño de luz es para pedirle al Señor que ilumine el por qué de algún mal, su razón o causa. Es algo desconocido por lo que se pide luz y sanción.

B. La sanación interior necesita la ayuda y discernimiento de otra persona que ore por nosotros. El Baño de luz se lo puede hacer la persona misma. Esta es la diferencia más peculiar. En el siguiente testimonio encontramos a una persona que necesitaba luz en sus relaciones interpersonales. Durante el "baño de luz" le preguntó al Señor:

- Jesús, ¿por qué me cuesta tanto trabajo dar el primer paso de reconciliación y siempre espero que sea la otra persona quien lo haga?

- Porque tú te ves a ti y no a mí. Tú siempre te juzgas bueno, que no tienes la culpa y no te fijas que yo, inocente, tomé la iniciativa para perdonar a los pecadores.

Si en esos momentos, en vez de señalar culpables y condenarlos, me miraras a mí y me preguntaras qué haría yo en ese caso, encontrarías la respuesta.

3. TEXTOS BIBLICOS.

Algunos textos bíblicos nos iluminan maravillosamente en qué consiste el baño de luz.

- Jesús, luz del mundo (Jn 12,46) ilumina a todo hombre (Jn 1,9) para que el que crea en El no permanezca en tinieblas (Jn 12,46) sino que tenga la luz de la vida (Jn 8,12).

- Quien rechaza la luz se cierra a la salvación gratuita ofrecida por Dios (Jn 3,19-21).Así como Dios lo primero que creó fue la luz (Gen 1,3), así para recrearnos, hacernos nuevas criaturas (2 Cor5,17) ha hecho brillar su luz en nuestros corazones para transformarnos, en Cristo, en luz para los demás; es decir, agentes de salud y salvación. (2 Cor 4.6). No hay nada que pueda quedarse escondido a la luz de Dios.

♦ No hay secreto que no llegue a saberse (Mc 4,22). Si con fe y sobre todo con sinceridad le pedimos al Señor Jesús que nos ilumine y sane nuestros males no hay nada que Él no quiera y pueda hacer.

♦ Cuando todas las cosas son puestas al descubierto por la luz, todo queda en claro, porque la luz lo descubre todo. Por eso se dice: Despiértate, tú que duermes, levántate de entre los muertos, Y Cristo te alumbrará. (Efe5,13-14). El que se acerca a la luz queda iluminado, como el que se acerca al calar se calienta, o el que se acerca al frío se enfría.

+ Por las entrañas de misericordia de nuestro Dios, nos visitará la luz que viene de lo alto para Iluminar a los que viven en tinieblas Y en sombra de muerte y guiara nuestros pasos por el camino de la paz. (Lc. l 1,78-79).

Este texto es clarísimo para ver qué es el baño de luz: ilumina una tiniebla, un problema, una dificultad y como consecuencia guía, lleva y da la paz.

🔱 Otros textos muy ricos sobre el tema de la luz de Dios que ilumina para sanar son: Lc 1,78-79 Jn 1,4-5 Hch 9,3 Am13,1114 2C04,3-6 Ef5,8-9 CoI1,1O-14 1Ts 5,2-9 Stg 1,17 1Jn 1,5-7 Ap 21,23-24 SI18,29. Especialmente es de excepcional belleza el verso 1 del Salmo 27(26) que dice: Yahveh es mi Luz Y mi salvación, ¿A quién temeré? Yahveh es el refugio de mi vida, por qué he de temblar?

Un día, en un retiro, una persona me dejó un mensaje en el altar. Me impresionó tanto que lo guardé para orar por ella. Decía así:

"Desde hace muchos años estoy muy enferma, debido a la traición de un médico. De este incidente me vino insomnio y un nerviosismo que me mata todavía. Por esta causa me vino la alta presión arterial. Para curarme me pusieron una dieta que resultó muy dañosa para mí.

Por necesidad, me vi obligada a hacer limpieza en un lugar seco, sucio, lleno de lana y polvo. Esto me hizo contraer una bronquitis que desde hace un año me ha puesto tan mal que una noche la pasé casi sin respirar ya que tenía las narices tapadas. Por no recibir inmediatamente la atención adecuada del hospital sufrí un infarto.

Por esta razón, padezco invalidez. Hace muchos años me hicieron un maleficio: jamás puedo bañarme, ni mojarme siquiera. Una persona "muy piadosa", me ha hecho ese mal tan grave en mi salud y en otras áreas de mi vida.

Soy vieja, pero jamás sentí la vejez como ahora: enferma del corazón, bronquitis crónica y unos dolores terribles que entiendo son en las arterias del tórax, pues me dan por delante y por la espalda; son dolores matones. Además, terrible asfixia por las noches.

Ahora sí parezco una vieja.

Me da pena estar tan fea y tan inútil, molestando a todo mundo. Me muero de miedo, siempre he sufrido miedo y vergüenza. Permanentemente tengo la nariz tapada y sufro también de otros muchos males.

Pido ayuda, de otro modo ya no estaría viva. Afectísima amiga N.N. "Poco tiempo después de ese retiro donde les sugerimos que escribieran al Señor, me llegó esta bellísima carta: Padre, yo soy la persona que le envié un escrito y se lo dejé sobre el altar contándole que un médico había abusado de mí. Pues durante el baño de luz le pregunté al Señor por qué vivía tan enferma del alma y del cuerpo. Él me dijo:

Querida hija: Es cierto que la causa de tus males comienza con la deshonestidad de ese médico, pero también debes saber que ***mi ley es amar y perdonar hasta los enemigos***. Así soy yo.

Si se aman los unos a los otros el mundo va a saber que ustedes son mis discípulos. Este es el único signo por el que los van a identificar como míos. Date cuenta muy clara de que hay que amar y perdonar a los enemigos porque así lo hice yo que los amé a ustedes cuando todavía eran malos y pecadores.

Aunque tú ya te has confesado del incidente con el médico, sin embargo, lo odias inconscientemente en tu corazón.

Perdónalo, pero ojalá se lo dijeras personalmente, diciéndole al mismo tiempo que yo lo amo por sus debilidades y pecados; que se vuelva a mí para sanarlo.

Yo te amo mucho y te tengo en mi corazón. Jesús. " Padre Darío quiero que sepa que lo hice y no puedo expresarle lo que sentí. Nunca antes había tenido tanta paz, todo se ha transformado, amo mucho, hasta el punto de que todo me parece lindo, hasta las personas de mi mismo sexo me parecen hermosas todas.

Todo me gusta, todo me agrada. Bueno estoy de luna de miel con Jesús. Pero lo más importante era decirle que estoy sana de todos los males físicos y espirituales. Hasta la cara como que se me desarrugó.

Alabado sea Jesús. Con afecto. Una agradecida con Jesús.

Respuesta inmediata

Los testimonios recibidos certifican que nuestro Dios nos responde inmediatamente cuando le pedimos que nos bañe con su luz.

Si la luz recorre 300 mil kilómetros por segundo, la luz divina es todavía más veloz para darnos vida en abundancia. Una señora que tenía problemas por infidelidades constantes de su esposo le preguntó al Señor:

Señor, ¿qué debo hacer con tanta infidelidad de mi esposo?

- Perdón.

- Pero Señor, ya le he perdonado una y mil veces y no mejora. - Perdón.

- Lo que pasa es que perdonándolo se aprovecha de mi perdón. Ya me cansé de perdonarlo.

- Cuando te digo "perdón" no me refiero a que le perdones sino a que le pidas perdón por no ser la mujer que él anda buscando y no encuentra. Pídele perdón por no atenderlo como él necesita. Pídele perdón por no ser solícita y cariñosa como lo eres con otras personas.

4. COMO SE HACE

Es hacer lo que Jesús hizo en el huerto de los Olivos en Getsemaní:

A. Lugar tranquilo
Se necesita ante todo un lugar tranquilo que invite a la oración, al diálogo.
En Mc 5,37 -40 vemos cómo el Señor Jesús se quedó solo en la habitación con los padres de la niña y algunos de sus discípulos. Es decir, hizo un ambiente de recogimiento para orar. Es muy importante calmar el espíritu para entrar en oración.

B. Jesús muy humano

Se debe imaginar al Señor Jesús de una manera muy humana, algo así como se apareció a sus discípulos después de su resurrección, y aunque su cuerpo ya está glorioso, no debe verse con rayos o luces, sino sonriendo y con sus llagas en sus manos y sus pies, como invitándonos a meter nuestros dedos en sus llagas, como lo hizo con su apóstol Tomás.

Es necesario representarnos la persona del Señor de la manera más imaginativa y positiva posible.

Bárbara Shlemon, en su libro "La Oración que Sana" escribe: El empleo de la imaginación en la oración, puede ayudarnos a "creer que ya lo logramos". En el New York Times (agosto, 1973) se cita al Doctor Walter Ghase, Director del

Departamento de Investigación y Jefe del Departamento de Ciencias Básicas Visuales de la Escuela de Optometria del Southern California College en Fullerton:

"Lo que se ve con la mente es tan real, en un sentido, como lo que se ve por una ventana. No hay mucha diferencia fisiológica entre las señales que transmite la mente y la que transmite el ojo". Por tanto, la imaginación no es componente pasivo de nuestro ser, sino que puede convertirse en un elemento activísimo de nuestra oración.

C. Diálogo

La oración se desarrolla con un diálogo a solas entre dos personas: el Señor Jesús y tú. Nadie más debe venir a la escena. Los dos solos.

D. Diálogo de amor

Es un diálogo amoroso con el Señor.

El ejemplo mejor para el diálogo que se debe sostener con el Señor durante el baño de luz es el que encontramos narrado en Jn 4, 1-26 cuando Jesús habla con la samaritana y mientras habla con ella la va sanando del odio racial.

El baño de luz es poner en práctica la verdad de que Cristo está en nosotros y Él es la esperanza de la gloria que tendremos.

E. Silencio

Hacer silencio.

Para escuchar las respuestas del Señor es necesario guardar silencio. Muchas veces no escuchamos a Dios porque no le damos tiempo a que nos responda. Siempre estamos hablando y volvemos la oración un monólogo y no un diálogo.

5. ESCRIBIR EN VEZ DE HABLAR

Hay personas a las que no les es fácil hablar con el Señor, pero sí pueden expresarse más fácilmente por escrito. Para esto, es buena cosa escribir una carta al Señor comentándole el problema y pidiéndole respuestas a las preguntas. Mientras el Señor responde, se debe permanecer en oración y silencio y una vez que comience a responder se debe escribir. Presentamos tres cartas de éstas.

En un retiro en Uruguay una mamá le escribía al Señor:
"Señor Jesús, yo tengo un serio problema con mi hija. Ella no tiene amor por tí como yo deseo. ¿Qué puedo hacer?
Yo, Señor, con cariño espero tu respuesta porque mi hija tampoco me entiende. Confío en que tú me vas a ayudar".

A los pocos minutos ella misma consignó la respuesta del Señor:" Hija, ten paciencia. Confía. Síguele hablando de mí.

¿Cómo quieres que ella crea en mí si tú antes no le habías hablado?"
Jesús."

En un retiro en la Argentina un joven le escribe al Señor:

"Señor Jesús: Yo te pido que me des paciencia para que no sea impetuoso y conteste con groserías como lo hice hoy.
¿Por qué hablé tan fuerte si no era eso lo que quería hacer? Señor, contéstame. Ayúdame". Oscar.

Jesucristo le contestó: Aprende a consultarme. Aprende a oírme más, no sólo en los apuros sino también en todos los momentos de tu vida, de cada día.
Ofréceme todo. Ama más. "Tú tienes que cambiar. Te dejas llevar por tus impulsos como fuiste siempre. Usa más palabras de amor como las que usas con Virginia. Saca todo eso que tienes dentro que es lindo y me gusta". Jesús.

En un retiro en Ciudad Obregón, México, una señora escribió:

"Señor Jesús, dime qué debo hacer en mi problema con mi esposo. Yo te platico a ti, Jesús amado. Hoy te pregunto: ¿Qué hago? Porque a ti no puedo engañarte y tú lo sabes que tengo siete años con este problema sin ver la solución y siempre he estado esperando en ti y no he sentido tu respuesta.
Sólo tu silencio. Siento la soledad. Siento que me has abandonado en todos mis sufrimientos.

He sentido todas las acusaciones sobre mí; se han hecho juicios muy severos y yo, Cristo Jesús, me siento inocente de lo que se me acusa y también arrepentida de mi pecado. ¿Qué hago? Hoy no me salgo de tu presencia hasta que me digas qué debo hacer y llevar tu respuesta. No quiero verte ensangrentado y crucificado por los pecados de mi compañero. Hoy quiero la solución y sé que me la darás". Margarita.

El Señor le contestó: "Hija mía: Ven a mí. Hoy en este momento y día te doy la solución a tu problema. Únicamente tienes que hacer esto: declarar a tu esposo inocente delante de Dios.
Estas dos personas que tanto daño te han hecho ponlas todos los días en la presencia de mi Padre que está en el cielo y decláralos inocentes y verás realizada la obra y planes de Dios que tiene sobre esta familia que Él está purificando". Jesús.

6.- EL USO DE LA IMAGINACIÓN

En el baño de luz debes pedirle a Dios, que es fuente de luz y toda luz, que ilumine tu caja negra para que puedas reconocer las causas de esas reacciones que no puedes manejar, y que todavía no descubres cuáles pudieran ser.

Es importante también que sepas usar bien y sin temor tu imaginación. Dice el Dr. Walter Chase (director del Departamento de Ciencias Básicas y Visuales de la

Escuela de Optometría del Southern California College en Fullerton):

"Lo que se ve con la mente es tan real, en un sentido, como lo que se ve por una ventana. No hay mucha diferencia fisiológica entre las señales que transmite la mente y las que transmite el ojo". (New York Times, agosto de 1973).

Por tanto, la imaginación no es despreciable ni es una cualidad humana de segunda categoría. En esta tarea de buscar que Dios ilumine tu *caja negra* la imaginación puede desempeñar una labor importantísima.

Para hacer tú mismo esta oración del baño de luz:
Busca un lugar y momento de tranquilidad donde puedas concentrarte.

Imagínate a Dios, o a Jesús, en forma sencilla, y dirígete a Él con toda confianza.

Escríbele en una carta lo que estás sintiendo en ese momento.

Escríbele también lo que tú quieres que Él te ilumine en tu caja negra: la causa de lo que te está preocupando, y que quieres que Él te sane.

Imagínate desde el momento en que fuiste concebido y pídele luz para ver y saborear el amor que Él te manifestó desde ese primer momento de tu vida. Y así, desde ese amor de Dios por ti, sigue imaginándote lo que pudo haber pasado cuando cada uno de tus padres se enteró de que tú venías, y pide la luz de Dios para cada momento, mes por mes, vivido dentro de tu madre. si en algún momento sientes una emoción muy fuerte, quédate ahí pidiendo más luz para ese momento, hasta que veas con claridad.

Imagínate cuando naciste, y cómo habrás sido recibido por tus padres, hermanos, abuelos, y por quienes te ayudaron a nacer (médicos, parteras). Pide luz para ese tan importante acontecimiento de tu nacimiento. Si algún pensamiento sobre tu nacimiento o las circunstancias que lo rodearon, te produce una emoción particular, pide a Dios más luz sobre eso hasta que veas con claridad.

Imagínate tu primera infancia y recuerda las cosas que de ti se decían en tu casa. Piensa en tus primeros recuerdos como niño en casa, con el resto de la familia, con los amiguitos, en la escuela. Pide luz para ver si esos recuerdos tienen alguna relación con lo que quieres sanar de tu caja negra.

Escucha y escribe lo que Jesús te contesta en cada uno de los momentos de tu vida.
Dale gracias a Dios por tanto amor y por todo lo que te ha iluminado en esta oportunidad.

7.- ¿CUANTAS VECES SE HACE?
Este ejercicio puedes repetirlo varias veces, ya sea para que Dios te ilumine un mismo aspecto oscuro

de tu caja negra, o para que te ilumine otros que puedan ir surgiendo.

Se puede hacer tantas veces cuantas sean necesarias hasta recibir una respuesta del Señor a la necesidad pedida, hasta que Él ilumine la causa del mal.

Se puede hacer en cada área de la vida que se necesite, para una circunstancia concreta o para sanar las heridas de ese día.

No existe tiempo preciso en cuanto a su duración.

Varía mucho, de acuerdo con las circunstancias.

8. RESULTADOS

Al descubrir la causa de nuestros males, el resultado lógico ha de ser que, si ponemos en práctica lo que el Señor nos dice, va a realizarse en nosotros una transformación notoria.

Si seriamente queremos saber la causa de nuestros males, Dios la revelará, y entonces:

- Seremos como un espejo que refleja la gloria del Señor, y así nosotros mismos llegaremos a ser más y más como Cristo porque cada vez tendremos más y más de su gloria (2 Cor 3, 18), y la gloria que reflejaremos será la gloria del rostro de Cristo que es la misma gloria de Dios, el Padre.

- Brillaremos con la luz de estrellas en medio de este mundo oscuro (Filp 2, 15) porque somos luz del mundo (Mt5,14).

- Irradiaremos paz, tanto para nosotros como para los demás.

Terminamos con la siguiente carta que nos llegó del Caribe:
Estimados hermanos Blanca y Darío:
Me dirijo a ustedes para que sean portadores de la maravilla que el Señor ha hecho en mí en el retiro llevado a cabo este fin de semana. Soy médico y tengo 20 años de matrimonio, durante los cuales fui muy infeliz e hice infeliz a mi esposo

a causa de una frigidez sexual, que estaba arruinando nuestro matrimonio. Pero el Señor ha tenido misericordia de nosotros después de tantos años de sufrimiento.

Comienzo diciéndoles que si no hubiese sido médico, la fortuna que hubiese gastado en honorarios no la hubiera tenido, pues visité ginecólogos y endrocrinólogos, los cuales me refirieron al psiquiatra, psicólogo, psicometrista, y éstos últimos me refirieron al sexólogo, pues todos los test que se me hacían indicaban que tenía un trauma sexual, el cual, el único que podría resolverme el problema era el sexólogo.

Después de hacerme todas las pruebas aquí en el país, me las hicieron en los Estados Unidos, pero todas resultaban infructuosas al igual que los tratamientos indicados, pues yo seguía con el mismo problema de frigidez. Al conocer al Señor (hace 10 años) puse mí enfermedad en sus manos.

En varias ocasiones me mostró esta escena que vi a la edad de 5 años (ahora tengo 45 años):
Una señora tenía dos hijas y se dedicaba a comercializar con ellas.

Estaba yo en mi casa y vi cuando una de ellas salía corriendo, y detrás un hombre. La madre había hecho trato con el hombre, pero la joven no quería y salió huyendo; esto dio lugar a que él la tomara e hiciera el acto en pleno patio en la presencia de varias personas que en ese momento pasaban por el lugar.

Esta escena se me presentaba en varias ocasiones.

Cuando Blanca Ruiz nos puso a hacer el baño de luz, yo dije: Le voy a preguntar al Señor por qué la frigidez está acabando con mi matrimonio.

Cuando ya iba a hacer mi pregunta, de improviso, se me presentó la escena anteriormente citada. Entonces le dije: Señor, ¿por qué veo esto si no es eso que quiero saber?

Él me contestó porque esa es la causa de la frigidez que tú tenías. Yo me sorprendí al oír "que tú tenías", y me sorprendí doblemente cuando verdaderamente me di cuenta que ya no había tal frigidez.

El sábado en la noche, al regresar del retiro mi esposo y yo nos unimos en el acto conyugal y esta vez todo fue distinto a lo ocurrido en ocasiones anteriores, Estamos viviendo una verdadera luna de miel, pero una luna de miel distinta a la común pues nuestros queridos hijos están saboreando también de ella, porque ya no ven los padres de caras amargadas, sino sonrientes y una madre que se ve y se siente libre, y no aquella madre de cara dura, ya que no podía esconder lo que me pasaba.

Se me olvidaba contar que en la escena vi, cuando el Señor cogía de la mano a la madre, a la joven y a mi mamá, y le pregunté

- Señor, ¿a dónde las llevas? Él me contestó:

- "A perdonarlas y a llenarlas de amor"; y le pregunté de nuevo:

-¿ Y por qué mi madre, Señor? "Porque en tu interior, el rechazo que tenías a tu madre era debido a que tú la culpabas por no atenderte debidamente en ese tiempo".

Mi madre estaba atendiendo en ese momento una tienda con la cual ayudaba a mi padre para nuestro sustento (5 hijos en esa ocasión). Luego pregunté: ¿Y el hombre que sedujo a esa joven? Él me dijo: "Lo tengo entre mis brazos".

Vi la imagen de Jesús como si tuviera un niño en los brazos meciéndolo. Escribo este testimonio que no podía darlo ante el público.

La gloria y alabanza para el Señor que libera a los oprimidos y a los hogares, y para ustedes bendiciones del Señor para que los siga utilizando en su viña. Una liberada por el Señor.

Aviso final:

No olvides nunca usar todos los medios de crecimiento: Principalmente recibir a Jesucristo en la santa comunión; el poder del sacramento de la confesión; la bendita Palabra de Dios; la formación en la fe; el santo Rosario y el ser testigos vivos de su palabra viviéndola en toda nuestra vida y compartiéndola, celebrar y defender la fe. Todo, unido a su Bendita esposa que es su Iglesia: La católica.

Tu hermano en Cristo
Martín Zavala

LIBROS RECOMENDADOS

Para conocer, vivir, celebrar, predicar y defender la fe te recomiendo el siguiente material que es excelente para lograrlo:

Respuestas Católicas Inmediatas

Como ser un cristiano con Coraje

Mi Juicio ante Dios
Testimonio de la Dra. Gloria Polo

LGBT Preguntas y Respuestas

Una Nueva Apologética
Incluye la tarjeta con citas bíblicas para saber defender la fe

Testimonios: "Pastores y líderes cristianos se convierten a la fe católica"

¡Soy católico y que!

Cómo leer la Biblia con Provecho

Lo que usted debe saber sobre el fin del mundo

Cansado de llorar, cansado de pecar, Cansado de vivir

Como responder a los Testigos de Jehová"

Un Dios Misterioso *Nueva edición*

Ten Cuidado: El Demonio existe

Click: Descubre el Poder de la santa Misa"

Liberados del Alcoholismo con el Poder de Dios

Dios: Existe o no existe. El Gran Debate

Cómo Ganar el Cielo desde el Hogar

Cómo rezar el Rosario 7 Formas

***Excelentes libros de Priscilla de la Cruz. Ex bruja, tarotista, esotérica, ouija, adivina y ahora misionera católica.

"Escuela de Apologética online DASM"

Fórmate en serio en cómo defender tu fe.

Certificado avalado por 6 obispos de 5 países.(Estados Unidos; México; Puerto Rico; Perú y Ecuador`) Mons. Eduardo Nevares, obispo  auxiliar en Phoenix, Arizona y director espiritual de DASM. Lecciones con Tareas y exámenes en Apologética integral.

!Inscríbete e inicia ya mismo! Única en todo el mundo.

La formación es 100% por Internet y estudias cualquier día y a cualquier hora. A tu propio ritmo. **10 Niveles.**

Únete al ejército espiritual de personas capacitadas para frenar el crecimiento de las sectas, new age, ideología de género… Invierte tiempo, dinero y esfuerzo para lograrlo.

Inscríbete en www.defiendetufe.com

"Nuevos Crecimientos 1 al 6: Mis Primeros Pasos"

Puedes conseguir este material y otros nuevos productos de Misión 2000 en tu librería católica más cercana o en:

Tel (480) 598-4320
P.O. BOX 51986
PHOENIX, AZ 85076

www.defiendetufe.com

Made in the USA
Columbia, SC
22 February 2025

54212908R00033